美しさは愛、美には神宿る

To Love is to be Beautiful, to be Beautiful is to be Divine

小西恵子

BANRAISHA

鏡に心を映してごらん

あなたには愛が見えますか?

笑顔が見えますか?

何が見えますか?

私たちは何をしてきたの?

自然を破壊しつづけて…

さあ、これからみんなで手をつなぎ

世界平和を祈って

明るい未来を一緒に創りましょう

地球に　愛を

Madam KEIKO

はじめに

輝きのある人生、愛に満ちた人生は、その日その日を〝心〟豊かに生きることでつくられていくのです。私は誰もが、人生を〝女優のように生きる〟ことで、心の豊かさを身にまとい、愛に満ちた人生をつかむことができると信じています。

女優のように、外見の美しさを求めれば、自然と内面も磨かれていきます。女優のように、ワンランク上の女性の品格を備えることで、あなたの周りの世界も華やかに変化して、輝きに満ちていくことでしょう。

私、MADAM KEIKOがいつも心にとどめている5つのキーワード。それは……

♥キラキラ
♥ワクワク
♥ラブラブ
♥アゲアゲ
♥スマイル

心の奥底を見つめ、本当の自分と出会ったとき、あなたは〝キラキラ〟と輝きを放つでしょう。輝く未来を想像して、ほんの一歩踏み出してください。あなたの心は〝ワクワク〟と踊りだすでしょう。愛情は、尽きることはありません。人に、モノに、瞬間に、〝ラブラブ〟を与えあいましょう。

苦しみは大いなる転機。困難に埋もれ、壁に囲まれて身動きがとれないときこそ〝アゲアゲ〟のチャンスはやってくるのです。素敵な笑顔に心を動かされない人なんていません。実りある人と人とのつながりは〝スマイル〟から生まれるのです。

あなたもKEIKOの魔法の言葉を心から念じてみて――。

そして唯一無二の、あなただけの人生のストーリーの主演女優として、もっとステキに豊かに美しく、輝いてみませんか！

令和2年2月吉日

小西恵子

Lesson 3

夢の扉を開きましょう！

Lesson

1

美しい人生は自分磨きから

A Beautiful Life Comes from Self-Improvement

究極のエレガンスを身に纏い、輝く未来を手に入れましょう。

私は、〝エレガンス〟という言葉がとても好き。エレガンスな女性になることに憧れて、努力を重ねたことで、今の私があるのだと感じています。

エレガンスという言葉から、あなたはどのようなイメージを持ちますか。きっと優雅さや上品さを思い浮かべることでしょう。確かに、エレガンスにはそうしたニュアンスがありますが、実はもっと深い意味が隠されていることをご存知でしょうか。

エレガンスは、ラテン語のエルグレ（ｅｌｉｇｅｒｅ）を語源とする言葉です。そしてエルグレには「注意深く、ていねいに選ぶ」という意味があるのだそうです。これは人生にとっても、とても貴重な教えです。

一日一日をていねいに、一つ一つのことを大切にしながら選択して生きること。

周りの空気や他人の声に惑わされることなく、自分の意志を持って、自分の生き方や好きなもの、やりたいことをしっかりと考えながら選択していくこと。

その積み重ねが一人の人間としての豊かさや誠実さにつながり、エレガンスに生きることにつながると私は解釈しています。

私は、エレガンスを表面的に捉えるのではなく、もっと奥深く、日々の人生に重ねることで、真実の意味でのエレガントな人になりたいと考えています。

最近の風潮として、女性の〝カワイイ〟がもてはやされているように感じます。もちろん10代、20代のカワイイは、女の子らしい柔らかさやスイートな雰囲気を醸し出し、とても微笑ましいものです。でも、カワイイには、人に可愛く見られたいという思いがあり、それは他人への甘えや人に頼りたいという意識にもつながってしまうのではないでしょうか。

もしあなたが一人の成熟した女性として、これからの人生を自立して、自分らしく生きたいと願うのなら、カワイイに憧れたり、カワイイを求めたりするのではなく、カワイイを卒業して、エレガントな女性こそ、めざすべき道ではないかと思うのです。

アメリカの心理学者、ウィリアム・ジェーンズの言葉に

心が変われば言葉が変わる。

言葉が変われば態度が変わる。

態度が変われば行動が変わる。
行動が変われば習慣が変わる。
習慣が変われば人格が変わる。
人格が変われば運命が変わる。
運命が変われば人生が変わる。

そう、あなたの人生を変えるのは、あなたの心次第。
私はエレガンスな女性に憧れ、そうなりたいと思ったときから、人生に変化がもたらされました。あなたも一緒に、エレガンスを身に纏った素敵な女性をめざして、あふれる未来の幸せを掴んでみたいと思いませんか。

エレガンスこそ、私がめざしてきた生き方。人生は、自分の意志でつくるものだから……。

今、この時――。輝ける人生を！

数年前、ある知人から「中今《なかいま》を生きる」という言葉を教えてもらい、とても感動したことを記憶しています。

〝中今〟とは、神道に由来する言葉で、江戸時代の国学者・本居宣長の『古事記伝』にその記載があるといわれています。過去から未来へと流れている時間の中で、今、私たちが生きているまさにこの瞬間が〝中今〟です。そして、今、生かされているその時を、一生懸命に全力を尽くして生きていくことこそが大切であるという教えを、神道では〝中今〟という言葉で伝えているのだそうです。

この言葉の深い意味を理解してから、私は〝中今〟を大切にして生きようと、いつも考えるようになりました。

今、生かされているこの時を、全力で生きる――。

言葉にするのは簡単ですが、現実にはそれはたやすいことではありません。なぜならば、私たち人間は、どうしても過去に捉われてしまいがちな生き物だからです。

私自身、20代の頃から経営者としての道を歩み、地元の芦屋をベースにして飲食店や画廊を経営したり、憧れていたファッションの世界で自分の店を開くこともできました。華やかな世界で成功を遂げたと思われる方も多いでしょう。もちろん、人生はいつも順風満帆とばかりはいきません。人生、長くなればなるほど、成功と同じくらい失敗もあるもの。山あり、谷ありの人生では、振り返れば辛かったことや、悔しかったことも経験しました。ただ、そうした経験を乗り越えてきたからこそ、私の今があります。過去の出来事にはすべて意味があり、それが現在へとつながっているのです。だからこそ過去に重ねた経験をプラスに変えて、今という時間に感謝をして、「中今を生きる!」。今に全力投球して、精一杯生きることが、明日の幸福な〝中今〟につながっていくのです。

人生は永遠ではありません。限られた人生を、私たちは1秒1秒刻みながら、見えないゴールに向かって生きています。だからこそ今を大切に生きたい。その気持ちを忘れずに、前向きであることが、輝ける未来を切り拓いてくれるのだと信じましょう!

人生の主役を演じるのは、あなた自身！

たった一度の人生ですもの。誰だって、自分自身が輝く日々を送りたいと願っているはず。MADAM KEIKOのように、いつもキラキラしていたい。どうしたらいいの？　とたずねられることも多くあります。

私は20代の頃から自立した女性になりたいと思い、社会にチャレンジしてきましたが、私のまわりを見回すと、同世代の女性たちの多くは、その社会的な背景もあって、ちょっと控えめな人生に慣れてしまっているように思えます。たとえば、夫や子どもたちのために料理や掃除、洗濯をして家族を支えていたり、仕事をしていても、自らがサポート役になって、男性を支える役割に徹している女性も多くいらっしゃいます。

日本人女性は謙虚で、奥ゆかしいことが美徳と言われて育った世代は、自分をアピールすることが苦手なのかもしれません。

私は仕事柄、いろいろな方たちと接する機会があります。性別、年齢、職業もさまざまですが、その中で特に50代、60代の女性たちの中には、自分の人生なのに、自分を主役ではなくむしろ脇役のような生き方に慣れてしまっていながら、心の内では自分の人生に不満を持っている方が多くいらっしゃるように感じます。

はたから見れば、恵まれた環境にあるように見える女性たちも、その心理はちょっと複雑です。実はもっと自分が主役となる生き方がしたい。自分が思い描く人生を、自分らしく生きたいと考えているのです。ただ、現状に満足していないけれど、自分から一歩を踏み出すにはちょっと勇気が必要なようです。


私が子ども時代からずっと親しんできた街、芦屋で『アクトレス・スクール』を始めたのは、2016年でした。きっかけは、こうした女性たちの生き方を、もっと明るく楽しく、輝ける、そんな人生に変えるお手伝いをしたいと考えたからです。

『アクトレス・スクール』といっても、女優さんを育成するための学校ではありません。でも〝アクトレス＝女優〟にこだわったのには理由があります。

それは、あなたの人生の主役は、あなた自身だからです。自分自身の人生という舞台で主役を演じる女優として、自分を磨き、高めることができれば、きっと思い描いたストーリーの中で、光り輝くことができるでしょう。

演じる、というのは嘘偽りを身にまとうことではありません。自分が願う、自分の理想の姿を女優のように演じること。すると、その世界が自然と自分の求める形に変わっていくのです。最初は女優のように演じていても、いつかそれが演技ではなく、自分の内からにじみである、あなたそのものに変わっていくことでしょう。自分が主役の台本を作って、それを演じきることです。

さあ、あなたも今日から、求める自分の姿を演じる女優になって、理想の未来に向けて輝いてみませんか！

花は、暮らしのアイテム。花を眺めていると、とてもリラックスすることができます。

人生の主演女優はあなた。
自分が願う、
理想のストーリーを
思うがままに演じてみて！

The main actress of your life is you yourself.
Take the ideal life you desire and act like you are already living it!

鏡に映る、ワタシにワクワクしていますか？

鏡。それはあなたの姿を、心を映し出す真実の扉――。

あなたは1日に何回、自分の姿を鏡に映しますか。どれくらいの間、鏡を見つめていられますか？

鏡に写った自分の姿をずっと見ていられる女性は、自分のことが好きな女性だと思います。反対に、鏡を覗くのはイヤ。チラリと見て、すぐに目を反らしてしまう女性は、きっと今の自分に満足されていないからではないでしょうか。

女優にとって、鏡は大切なパートナー。自分の姿を何度も鏡に映し、自分が演じるべき役になりきっているかを確認します。もしあなたが、鏡に写った自分の姿が好きになれないなら、あなたが演じようとしている憧れの姿に変わる、努力をしなければなりません。

『アクトレス・スクール』では、自分が女優として演じるために、まず本当の自分を知ることが大切だと考えています。その方法としておすすめしているのが、自分の考えや気持ちを書き出す、自己分析法です。

・内面で好きなところ、嫌いなところを5つずつ書き出してみましょう。
・外見で好きなところ、嫌いなところを5つずつ書き出してみましょう。

自分の思いを文字にしてみることで、あなたの置かれている状況や思考が明らかになります。あなたが自分自身でプラスだと思っていること、そしてマイナスだと思っていることを認識し、プラスの部分を伸ばし、マイナスの部分を改善できれば、あなたの理想の姿に近づくことができるはずです。

特に負の要素になりやすいものは、他人との比較や、過去の経験によるトラウマなどによって芽生える劣等感や不安、恐怖心などがあります。こうしたおそれや不安から開放されるために、今日からでもはじめられることがあります。

ポイントは6つ——。その対処法もお教えします。

❶自分を愛する
（毎日、自分が写っている鏡を見て、話しかける）

❷他人に責任転嫁しない
（自分の感情に向き合い、違和感を感じる人とは距離を置く）

❸愛（心）ある行動をとる
（自分がしてもらって嬉しいと思う、相手が笑顔になってほしいと思う行動をとる）
❹外見・内面のバランスを整える
（生きていることに感謝し、自分は幸せだと思う）
❺人と比較しない
（内観し、本質の自分と向き合うことで、明確な自分に気づく）
❻オン、オフの切り替えをする
（オフのときは、好きなことに没頭して、頭を空っぽにする）
（オンのときは、スケジュール管理をしっかりし、スイッチを入れる）

あなたを変えることができるのは、あなた自身でしかありません。心のマイナスをプラスのエネルギーでかき消して、嫌いな自分から卒業しましょう。そうすれば、鏡に映った自分が、きっと好きになっていくはずです。

鏡の中の自分に笑いかけてみて。自分を好きになると、心の内からプラスのパワーがあふれ出ます。

魅力的な女性は、第一印象で惹きつける。

カリフォルニア大学の心理学名誉教授のアルバート・メラビアンが唱えた、『メラビアンの法則』をご存知ですか。メラビアン教授が人の好意や反感などの態度やコミュニケーションについて実験を行ったところ明らかになった、人の第一印象は3秒で決まってしまうという法則です。人の第一印象はとても大事。最初に良い印象が相手にインプットされると、好感情が芽生えて互いの距離が縮まり、コミュニケーションがスムーズになり、良い人間関係を築くことができます。反対に一度悪い印象を与えてしまうと、それを変えるにはとても時間がかかってしまいます。

あなたが豊かな人生を送りたいと望むなら、恵まれた人間関係を築くこと。そのためには魅力的に映る第一印象を人に持ってもらうことはとても重要、ということになります。しかもその時間は、3秒しかありません！

さて、その大切な3秒で判断できるものは何だと思いますか。それはあなたの本質でも、性格でもなく、実はイメージだけ。目から入ってくる情報、すなわち外見です。人に好印象を与えられるイメージとは、愛される印象力＝外見を磨くことにかかっているのです。

私が外見で大切と思うポイントは、姿勢、表情、服装、そして髪型です。凛とした佇まい、豊かな表情、相手に対するおもてなしと敬意が伝わる服装、そして清潔感のある髪型が理想形です。

そしてもう一つ、こうした外見へのこだわりをもつことによって得られる効果もあります。なぜなら〝形から入ることで、気持ちも変わる〟から。見られることを意識して、姿勢や装いに気を配ることで、自信や勇気が醸し出され、他人への気配りも豊かになり、人間力を高めることにつながっていくのです。

魅力的な女性になるための第一歩として、第一印象＝外見を磨くことからはじめてみましょう。それがあなたの女優人生のスタートだと思ってください。あなたをステキにプロデュースするのは、他の誰でもなくあなた自身なのです。

自分の人生を台本通りに、主演女優になって演じることがアクトレス。

昼は太陽が、夜は星と月があなたを照らしてくれる。

世界一、光り輝く私がいる。

自分の価値を信じて、その台本をイメージして、

主演女優になりきって生きていきましょう！

▼アクトレスのように生きる。それは、自分らしさを追い求めること。

第8回ミセス日本グランプリ
RBC
Softmedi

Lesson

2

魅せる！
私をプロデュース

Charm Them!
Producing "Me"

Madam KEIKO

憧れの人との出会いが、美のイメージを育みます。

あなたが自分の人生の主演女優となって、生き生きと輝くための第一歩。それはまず、自分をプロデュースして、なりたい女優を演じることです。

もう30年くらいも前のことです。私は、ある方のお招きを受けて、とてもステキなパーティーに参加させていただいたことがありました。場所は東京・麻布の、イタリアンレストランの老舗として名高い、キャンティでした。多くの文化人、著名人たちが集まるそのお店で、華やかに繰り広げられたパーティーの招待客の一人として参加させていただきました。

パーティーが始まってしばらくして、賑わいの場にフッと一瞬、会場全体の空気が変わったように感じました。気づくと一人の女性がスーッと入ってきたのです。

それは若き日の、ある女優さんでした。今もとてもステキな女優さんですが、当時、30代前後だった彼女の姿は光り輝くばかり。私もたくさんの美しい女性たちと出会ってきましたが、彼女には独特の女優オーラがありました。私は、その魅力的な姿にただただ見惚れてしまいました。

今でもその姿が目に焼き付いていて、昨日のことのように思い浮かべることができます。鮮やかなサーモンピンクのパンツスーツに、手にはベージュ色のバーキン！ 流れるような美しい黒髪は、ツヤツヤに輝いていました。

きれい！ 美しい！ ステキ！ 私はその姿に目がくぎ付けになりました。当時の私が思い描く憧れの女性像にイメージが重なり、そして美への探究心がふつふつと湧いてきました。

私は、彼女と同じようなファッションがしたくて、翌日には神戸、大阪のデパートやブランドショップをめぐり、彼女のものとよく似たデザインとカラーのパンツスーツを購入しました。さらにエルメスの専門店にも足を運び、バーキンを購入しました。

その頃の私は、まだまだ自分らしいファッションを模索中の時代でしたから、そのときこの女優さんのようになりたい！ という具体的なイメージを持てたことをきっかけに、私の美意識も磨かれていったように思います。何よりも、

めざすべき目標や憧れの対象がみつかり、
自分がどうなりたいかを具体的に、明確にすることができました。

最初は憧れでいいのです。憧れる人の真似でいいのです。背伸びをしながら自分を磨いて、そこから本当になりたい私を見つけていくことが大切です。

憧れの人に近づきたい。
その思いを
行動に移すことが
大事なのです。

Wanting to be near the person you admire.
What is important is turning this desire into action.

なりたい自分を、ビジュアル化してみましょう。

あなたの憧れの女優さんをイメージできたら、次のステップとして、自分らしくそのイメージに近づけていく方法を考えます。私の『アクトレス・スクール』でも取り入れている、自分のイメージに近づくファッションの見つけ方のコツを伝授いたしますね。

それはファッション雑誌を使って、なりたい自分をビジュアル化する方法です。

オシャレに興味のある方は、ファッション雑誌を見ることもお好きではないでしょうか。私も若い頃から、いろいろなファッション雑誌を買い込んでは、ステキなモデルさんが身にまとっているお洋服やバッグ、アクセサリーなどに目を凝らし、あれもステキ、これもいいわと、胸を弾ませたものです。ところがファッション雑誌にはあまりにもたくさんの情報があふれていますから、目移りがしてしまいますよね。それで結局、オシャレの知識は増えても、自分が求めるファッション・スタイルを見つけることがなかなか難しかったりします。

スクールでは、私も大好きなファッション誌の『VOGUE』か『ELLE』をまず1冊ずつ、それに自分が好みと思われるファッション雑誌を2〜3冊ほど用意してもらいます。あとは大きめの画用紙を2枚とハサミとノリを揃えれば、準備は完了です。

まず、あなた自身がイメージする、なりたい自分を頭に思い描きます。ONとOFFの2パターン。ONは、仕事や友だちと会ったりする自分が他人から見られたいイメージを思い浮かべ、雑誌の中からそのファッションやバッグ、靴などの小物、アクセサリーなどを見つけて、切り取っていきます。切り取った写真を1枚の画用紙に貼り付けていきましょう。あなたが人から見られたい自分のイメージがまとまってくるはずです。

同様に、OFFのとき、休日にくつろぎたいときに着たいファッションや、身の回りにあるとくつろげるインテリアや小物などを選んで切り取って、紙に貼り付けます。

こうすればONとOFFの、あなたのなりたい姿が自然とビジュアル化できます。

ファッションはとても多彩。自分に似合うファッションを見つけ出すのはかんたんではありませんが、まず写真でいいので自分が好きなお洋服や小物を集めて、なりたい自分の姿をイメージ化してみましょう。そして、イメージに沿う装いをすることからチャレンジしてみてはいかがでしょう。

自分がイメージするファッション・スタイルを具体的にしていくことが、なりたい自分を作っていく、一番の近道だと私は思うのです。

内から溢れ出る〝美人力〟で輝きましょう。

デビューしたての頃は、それほど美人とは思わなかったのに、みるみるきれいになっていく女優さんがいらっしゃいます。なぜなのでしょう……。それは、お仕事をしていく中で、自然と〝美人力〟が身についていくからだと私は思っています。〝美人力〟こそが、美を生み出していく原点。そう考えるのは、実は私自身に、こんな体験があったからです。

２０１５年、65歳のときに友人からすすめられて『第８回ミセス日本グランプリ』に応募させていただきました。最初はあまり自信がなかったのですが、ファイナリストにまで選んでいただき、さらに本選では唯一の特別賞までいただくことができました。

若い頃にはモデル経験がありましたが、このような舞台で美しさを競う、というのは初めての経験でした。その中で美しさを魅せて伝えることは、とても難しいことであると共に、とても奥深いものがあると興味をもちました。美とはなんだろうという探究心が芽生え、その後、世界的なファッションモデルなどを育成するＷＣＢＡ（World Class Beauty Academy）の講義や、また『ミス・ユニバース・ジャパン』を主宰し、美の伝道師として多くの日本代表をミス・ユニバース世界大会で入賞させたことでも知られるイネス・リグロンさんの講義を受講しました。美しさを表現するとはどんなことなのかを、美を探求するプロフェッショナルから学んでみようと思ったのです。

そこで学ぶ中で、

人が美しさを表現する上でもっとも重要なことは〝マインド〟であると教えられました。

ファッションショーでランウェイを歩くモデルさんの姿をイメージしてください。誰もが堂々として、とてもカッコいいですよね。このときモデルさんたちは「私ほどきれいな女性はいないわ」という気持ちをもって歩くのだそうです。そのマインドがあってこそ、人に美しさを強くアピールすることができるのです。

「私はきれい」と心で念じれば、自然と仕草や言葉遣いにも自信が醸し出され、自分に自信をもって、胸をはって歩くことも、自然な笑顔を人に向けることもできます。そのオーラがあなたの魅力となって、見る人に伝わります。

日本の女性は、ちょっと奥ゆかしいので、自分をアピールするのが苦手。どうしてもマイナス思考に陥りがちですが、マインドをアップさせて自信をみなぎらせれば、輝くあなたを手に入れる事はできるはずです。

自分をステキに見せたいという思いや、自分はきれいと信じることで、内側から溢れ出る輝き、それこそがまさしく〝美人力〟です。

年齢を理由にして、美しさを諦めないで。あなたも新しい自分を発見して、新しい魅力に気づき、自分は美しいと自信をもって生きましょう。

しっかりと〝美人力〟を手に入れてください！

内から溢れる自信こそ、美を輝かせるために大切なものだと学びました。

あなたの大切な体に、感謝と愛情を伝えていますか？

年齢を重ねていく中で、誰もが自分の体の変化に気づいていくものです。若い頃は、多少不規則な生活をしても、一晩ぐっすり寝れば、肌もイキイキと蘇ったものですが、40代、50代と体の回復力は落ちてきます。いつまでも若い頃の生活を続けていて、加齢に抗うのは難しいことでしょう。

年齢を重ねてもきれいであるためにいちばん大切なこと――。

それは高価な化粧品でも、エステに通うことでもなく、〝健康〟であることです。

5年ほど前、ビジネスで多忙が続き、体調を崩してしまったことがありました。何週間か入院することになって、気分もすっかり落ち込みました。いつもは社交的といわれる私ですが、体も心もバランスを崩し、人と会うのも嫌になり、ようやく自宅に戻ったものの、ひとり部屋にこもっているような状態がしばらく続きました。

あるとき、ふと鏡を見ると、そこには10歳くらい老けこんでしまったかのような自分の姿がありました。「人の外見って、こんなに変わってしまうものなの!?」と、我ながら驚きました。

ほとんど食事を摂ることもできなかったのですが、これではいけないとようやくお粥を口にしたとき、温かなお粥が胃に染み渡って体中に広がっていく優しさを感じました。健康なときは何の感謝もなく、おいしい食事も当たり前のようにいただいていましたが、これは私の体がきちんと正常に活動してくれていたからだったのだと、そのときに気づかされました。

食べ物が胃で消化され、栄養分を吸収して体を巡り、活力を生み、休みなく心臓を動かして……。生きていることそのものが、私の体の絶え間ない活動によって支えられているんですよね。

私は、これまで元気に過ごすことができたのはこの体のおかげ。もっと自分の体に感謝をしなければならなかったことを、とても反省しました。

それからは口から入るものすべてに注意を払い、なるべく良質なもの、シンプルなものを選んでいただくように心がけ、今でも食事にはとても気を配っています。

それから私は、毎晩、入浴後に全身をオイルマッサージして、感謝と愛情を大事な体に伝えるようにしています。そのときに使うアロマオイルは、以前、銀座のある会に参加したときにアロマと出会い、自分で作り始めたお気に入りのもの。そのアロマオイルを手にとり、全身を優しく撫でながら、特に胸のあたりを念入りに、「ありがとう、ありがとう」と感謝の気持ちを口に出して、言葉かけをしながら円を描くようにして心を込めて撫ぜています。アロマの香りが心を癒やし、私のホッとする時間です。

また、この習慣を取り入れてから、不思議と体の内側から温かなエネルギーが沸き立ってきて、胃や腸などの内臓も活性化され、新陳代謝が良くなったように感じます。肌の細胞一つ一つも元気になって、肌の艶やかさが戻りました。

健康であることへの感謝を自分自身の体に伝えることで、体は愛に満たされていくのでしょう。

自分の体をおざなりにしてはいけません。健康こそ美しさの原点。当たり前のようでいて忘れていた、自分を愛することの大切さを気づかせてくれる経験でした。

あなたは自分の体に、感謝の思いを伝えてますか？

芦屋の街を散策するのも私の健康法のひとつ。いくつもの出会いや発見があります。

引き締め効果で、魅力的なボディラインを保ちましょう。

女優さんが、美しいボディラインを維持できているのは、もちろん個々の努力の賜物なのでしょうが、もう一つ、見られる職業であるというのも、あるのではないでしょうか。人は、見られることで自分を外側から意識します。他人からどう見られているかと意識する、いい意味での緊張感が、心と体を引き締めるのです！

私も人前に出る機会が多いため、ボディラインにはとても気遣っています。見られている、という意識はとても大事。年齢を重ねるとどうしてもボディはゆるみがちですが、そうならないために、〝引き締め〟こそ私たち世代の大きなテーマと捉えましょう。

私が、ちょっと体が緩んできたな、と感じたときに取り組むエクササイズを伝授いたしましょう。とても簡単、道具も使わず、思いついたときにいつでも自宅でできる方法です。

お部屋の壁に背を向けて立って、頭、肩、お尻、かかとを壁にピタリとくっつけます。体が真っ直ぐに伸びている感覚になったら、頭を天井に向けて引っ張られるような感覚を意識して、お腹にギュッと力を入れて凹ませます。この体勢で、鼻でゆっくりと呼吸しながら、

15秒ほど維持します。ちょっと休んでもう一度、これを10回ほど繰り返します。

体がちょっと温かくなって、腹筋に負荷が感じられれば効果が出ている証拠。人によって筋力に違いがありますので、あまり負荷を感じられないようなら、キープする時間をもう少し延ばしてください。これを毎日、朝晩の2回続けると、少しずつ体が変化していきます。ひとつは、背筋が伸びて、正しい姿勢が身につくこと。さらにお腹のお肉が落ちてウエスト周りが締まり、ウエストラインがきれいに見えるようになります。肩こりや腰痛が軽減される効果も期待できます。また、体幹が鍛えられるので、ヒール靴を履いてもしっかりと歩けるようになります。

私は特別なダイエットはしていませんが、ちょっとラインが崩れはじめたかしらと感じたときには、すぐにこのエクササイズを敢行しています。さらに引き締め効果をアップさせるのが、冷水健康法です。冷たい水は、皮膚の引き締め効果が抜群です。

私は入浴時には、湯船で体を十分に温めたあと、最後は全身に水のシャワーを浴びて引き締めています。心臓などが弱い方にはおすすめできませんが、温泉などにいって体が十分に温まった湯上がりなどに、もし機会があれば、挑戦してみてくださいね。

また、朝晩の洗顔時、私はボールに氷水を作っておいて、最後にその冷水でパシャパシャと顔を洗っています。そうすると皮膚がキュッと引き締まって、毎日続けていると、顔のたるみが解消されて、肌にハリも出てきます。

美しい立ち居振る舞いは、女性の品格を高めます。

美しさは、仕草にやどります。

ただそこにいるだけで、ハッと人を惹きつける魅力を持っている人は、その立ち居振る舞いに、品格のような美しさが身についているからです。

美しい立ち居振る舞いは、本来は本人が持つ育ちのよさや親のしつけによって、小さな頃から身についていくもの。私も幼い頃から祖母に厳しくしつけられたおかげで、人前に出ても恥ずかしくない礼儀と仕草を身につけることができました。

日本には、人の立ち居振る舞いを〝所作〟という言葉で表すことがあります。所作という言葉の中には、礼儀や作法という意味も含まれているのだそうです。その基本は日本の古くから伝わる伝統的な茶道や舞踊などの習い事に伝わる仕草、そこに学ぶべきものがあるように思います。現代でこうした所作を学ぶ機会が少なくなったのはとても残念なことです。そこでここでは日常で取り入れたい、美しく見える立ち居振る舞いのコツを紹介しましょう。

姿勢は美しさの基本。背筋がすっと伸びているだけでも、若々しい印象を与えてくれます。

見られていることを意識して、女性らしい仕草を身につけてみて。あなたの印象がぐっと変わりますよ。

【基本の姿勢】
・背筋を伸ばす。
・視線は少し上げ、顔は正面を向く。
この姿勢を維持するだけで、自信と信頼が醸し出され、凛とした印象をもたらします。また知的な雰囲気もつくりだすことができますよ。

【立ち姿】
・背筋を伸ばして正面を向く。
・両足は揃えて少し前後にずらし、軽く足先をV字に開く。
基本は前ページで紹介した壁に体をピッタリつけた姿勢です。女性、特に年齢が高くなるとうつむきがち、猫背になりがちな人が多いのですが、そうした姿勢に馴染んでしまうと余計に年をとって見えるので要注意です。片足に比重をかけると、体の線が崩れてだらしなく見えるので注意しましょう。観客を前に舞台に立っている女優をイメージしてください！

【座り方】
座り姿には、いろいろなシーンがあると思います。状況に合わせて、座り方を変えるのも、女性らしさのテクニックです。

◎きちんとした印象の座り方
・椅子に浅めに座り、背筋を伸ばす。※背もたれには寄りかからない。
・膝頭をくっつける。
・足をそろえて、斜め前に出す。
◎エレガンスな座り方
・椅子に浅めに座り、背筋を伸ばす。※背もたれには寄りかからない。
・足を軽く組む。
・足をそろえて、斜め前に出し、膝からつま先までが直線になるように。

【手の動き】

手の動きや指の仕草は、意外と人に印象づけるもの。特に女性らしい柔らかな動きは、言葉ほどに伝える力を持ちます。手の動きの豊かな人は伝える力も大きく、魅力的に映ります。
・手の指は開かずになるべく揃える。
・親指・人差し指・中指に力を入れ、薬指と小指は添える感覚で。
・手のひらは卵を包み込むようなふわりと丸みをもたせる。
話をするときは、手を顔の近くで動かしたほうが、豊かな表情が伝わります。

また、手は意外と人の目にとまるもの。爪や指はしっかりとお手入れをして、潤いのある

体幹を鍛えれば、高いヒールの靴を履いてもきれいに歩くことができます。

手指を保つように心がけましょう。

【歩き方】

お手本はファッションモデルのランウェイ。堂々と胸をはって、自信をもって颯爽と歩くイメージで！

・目線は正面を見て、背筋を伸ばす。

・両ひざの内側を軽くするような感覚でクロスさせ、1本のラインの上を歩くイメージ。

・腕は下におろし、手のひらが太ももの側面を軽くこするような感じで大ぶりにならないように動かす。

あなたの姿は、いつ、どこで、誰に見られているかわかりません。

いつでも自然に、美しい立ち居振る舞いが身につけば、あなたの見た目や印象もグーンとアップします。

女優のように〝いつも見られている私〟を意識することで、自然と醸し出す華のような魅力を持つ女性をめざしましょう。

〝他人の視線〞を
怖がらないで！
見られる緊張が
あなたの美を引き出します。

Don't be afraid of how other people see you!
The nervousness arising from being seen
will bring out your true beauty.

ファッションは、あなたを輝かせる大切なアイテム。

人が生活していく基本的なものとして、〝衣食住〟という言葉があります。食事も、住まいもとても大切ですが、ではなぜ〝衣〟の言葉が最初にあるのでしょうか。

私は、人間として生きる上でもっとも大切なものが、この〝衣〟だからではないかと思うのです。衣服をまとう生き物は、人間しかいません。もちろん人は食べ物がなければ、住む場所がなければ生きてはいけませんが、〝衣〟は人間であるからこそ、生きる上で意味あるものだからこそ、衣食住のはじめに〝衣〟が置かれていると考えています。

衣服には、寒さや外敵から身を守るだけではなく、その人をあらわす役割もあります。たとえば神主さんが身にまとう装束も、警察官やキャビンアテンダントが着る制服も、その衣服を身につけることで、外見を整えることができ、さらに心も変わります。同時に、周りの人に自分とは何かを伝えることもできます。

ファッションにも同様のことがいえると思います。自分が選んだお洋服やお着物で、人に与える印象は変わります。私はこういう人です、というメッセージを、身にまとうファッションが表現してくれるからです。ファッションへのこだわりは、あなた自身を演出するための大切なアイテム、と考えることができます。

また、ファッションは心に作用する働きもあります。嫌なことや辛いことがあったときに、「落ち込んではいけない」と心で思っても、それで元気になることは難しいものです。そんなときにも外見（衣装）を明るく変えてみることで、不思議と気分を変化させることができます。

自分らしさを演出してくれるのがファッション。旅先では、ちょっといつもより大胆に、おしゃれを楽しむのが私流。

ファッションのパワーを借りて、外見から変えていくことで、なりたい自分に近づくことができるのです。

可愛らしい奥さんになりたい、颯爽としたキャリアウーマンになりたい、感性にあふれたデザイナーになりたい。そんな自分の理想のイメージや、憧れの人を目標にしながら、ファッションを演出してみてはいかがでしょう。

私は今も、新しいお洋服を購入したときや、季節の変わり目などには、よく家で一人ファッションショーを繰り広げています。明日からどんな洋服を着ましょうと、ワクワクしながら、そのシーズンの話題のカラーなどを取り入れて、以前からあるお洋服と組み合わせながら、新しいなりたい自分を鏡に映しています。

どんな挑戦も自由にできるのがファッションです。さまざまな役の女優を思い浮かべながら衣装を思うがままにチェンジして、あなたが思い描くイメージを追い求めましょう。

自分の内に潜む女優魂を存分に発揮して、憧れの人を演じる衣装をまとうこと。その外見が、あなたの内側をも変えていき、求める未来につながっていくでしょう。

芦屋の街めぐりは、私の大好きな時間。お気に入りのショップでティータイムを楽しむことも。

色がもたらす心理効果をファッションに活かしましょう。

我が家のドレッサーを開いてみると、実は半分くらいは黒い服で占められています。これまで長くビジネスに携わっていく中で、自然と仕事には〝黒〟というイメージが自分の中で固まって、黒のジャケットやワンピースが、いつの間にか増えてしまったようです。

大切な会議や重要な打ち合わせのとき、黒い服を着ていると、自分の身が引き締まり、また相手に対しても信頼してもらえる落ち着きがあるからです。また、ビジネスに関わるパーティーなどでも、黒をメインカラーにおくと、大人の落ち着きと品格が出て、印象をアップさせてくれます。

でも、黒い洋服ばかりを身に着けていると、仕事一色に染まってしまいそう。だからオフタイムには、明るい色の洋服を選んで、リフレッシュしています。

私たちの暮らしの中で、もっとも色にあふれた世界が、ファッションではないでしょうか。セーターやブラウスなど、さまざまな色合いが楽しめるだけでなく、スカーフなどをワンポイントにおけば、たくさんの色が楽しめます。こうしたカラフルな色が楽しめるのは、女性ならではの特権かもしれませんね！

そして色には、人の心や脳に作用する不思議なパワーがあることが、心理学でも証明されています。たとえば気分が落ち込んでいるときや、ちょっと体調がすぐれないときでも、明るい色の洋服を身につけると、気持ちがふわっと上がることって経験したことはありませんか。色のパワーを知り、上手に活用することで、あなたの人生の運気を上げることにも役立つはずです。

さあ、今日のあなたは、どんな色がお似合い？

【色がもたらす効果とパワー】

・黒……堅実、信頼、格式。ビジネスや決断をしたいときに。
・紺／グレー……真面目、落ち着き。ビジネスや大切な契約のときに。
・赤……情熱、高揚、エネルギー。自分をアピール。やる気を起こしたいとき、元気になりたいときに。
・オレンジ……暖かい、活発、陽気。食欲増進。人間関係を円滑にしたいときに。
・黄色……陽気、軽快、アクティブ。脳を活性化。印象を強めたいときに。
・ピンク……幸福感、思いやり、可愛い。明るい女性らしさ。心を若返らせたいときに。
・青……落ち着き、知的、真面目。冷静になりたいとき、精神を安定させたいときに。

・白……清潔、純真、神聖。心機一転したいときに。
・紫／ラベンダー……上品、優雅、妖艶、高貴。直感が冴える。
女性らしさをアピールしたいときに。
・緑……やすらぎ、癒やし、調和。自然のいやし効果。リラックスしたいときに。
・茶……堅実、信頼、温もり。緊張を和らげたいときに。

【魅惑のレッドで口紅のマジック】

色の効果を手軽に活用できるのが、口紅です。

赤はエネルギーの色。そして女性を強調してくれる色です。口紅をくっきりと引くと、女性らしさが際立つのも、そんな赤のパワーによるものです。口紅をひと差しすると、顔の印象ってすごく変わります。メイクをするとき、最後に口紅をさす人が、多いのではないでしょうか。口紅をさすことで、顔の表情が引き締まり、メイクの仕上げを整えてくれます。

私も口紅が大好きで、シーズンごとに出る新色リップについつい心惹かれて購入してしまうのですが、原則として口紅は2本あれば十分、と考えています。ではその2本はどんな色を選べばいいかというと、濃い赤色とヌーディな赤。ご自身で塗ってみると分かりますが、口紅の色を変えると雰囲気がガラリと変わるから不思議です。

濃い色の赤の口紅は、赤のパワーを強く発揮してくれるので、女性らしさ、妖艶さをアピールしてくれます。パーティーや夜の集まりなどには、こうした赤色がおすすめ。

ナチュラルな色の口紅は、あまり女性を強調したくないシーン、たとえばビジネスなどの商談や、家族とのお出かけなどに向いています。

異なる特徴を持つ口紅が2本あるだけで、さまざまなシチュエーションにも対応できて、あなたの印象も格段に上がりますよ。

メイクの仕上げに、レッドの口紅で今日のあなたを演出しましょう。パワーが欲しい時は、鮮やかなレッドで、気分をアゲアゲに！

オシャレは
相手に対する
誠意の証
でもあるのです。

Being stylish helps others
become aware of your sincerity.

ビジネスには信頼感がアップする黒を愛用。

装いは、相手への心遣い。これからお会いする方に対して、どれだけ心配りをしているか、その思いを伝えるのもファッションの役割です。ですのでビジネスで人とお会いするときは、誠実にあなたと向き合いますよ、という意思表示がしっかりと伝わるよう、身支度を整えるようにしています。

ビジネスで着る服に黒が多いのも、そうした理由です。仕事では、社会的にも地位のある男性の方たちとお会いする機会も多いのですが、相手がグレー系や紺系のシックな仕立ての良いスーツを着用されているのに、こちらがあまり派手なお洋服ではバランスが取れません。こちらも信頼や誠実さを印象づけ、相手の方に安心感をもたらせる効果がある、黒をベースにした装いを心がけるようにしているのです。

ただ黒い服は、シンプルすぎるとおとなしい印象になってしまうので、オシャレ感や個性を出すために、デザインは凝ったものを選ぶようにしています。大きめのアクセサリーでアクセントをつけたり、スカーフなどをプラスして、女性らしい遊び心も大切にしています。

ビジネスに愛用している黒のジャケットとパンツを組み合わせたスタイル。
ゴールドのネックレスと、お気に入りのグッチのバックで上品さとゴージャス感をプラス。

タキシードタイプのジャケットをカジュアルに着こなして、堅苦しすぎない装いに。
ロング丈のスカーフで、全体に柔らかな女性らしさをプラスしました。

お食事のお誘いには シンプルとゴージャスの組み合わせで。

ビジネスからプライベートまで、いろいろな方とお会いしてお話をするのは私の楽しみの一つです。そんな時に欠かせないのが美味しい食事。「今度、あのお店に行きましょう」と誘われたら、どんなファッションで行こうかしら、と考えるのもまたワクワクします。

ディナーに出かけるとき、心がけているのはお店の格に合わせた洋服選び。たとえばホテル・ディナーなら品のある装いを、カジュアルなレストランなら、少し遊び心も取り入れたファッションなど、お店の雰囲気に合わせることも大切ですね。

さらに私のこだわりは、シンプルを基本にしながら女性らしいエレガンスをプラスすること。おしゃれをしたいと思うと、どうしてもあれもこれもと身につけたくなってしまうものですが、そこは気持ちを抑えて……。華やかなドレスならアクセサリーは控えめに、反対にゴージャスなアクセサリーを身に着けたいときはドレスをシンプルにすると、華やかさがありながら全体的に上品な印象でまとまります。

裾に入ったスリットがゆれて、シンプルだけど表情豊かなワンピースはお気に入りの一枚。黒のターバンでちょっと個性的なワタシを演出しました。ゴールドのクラッチバッグをアクセントに。

黒のシンプルなワンピースに、ゴールドのビジューがあしらわれたジャケットを組み合わせました。
上質感を出したいホテルディナーなど最適。胸周りが華やかなので、アクセサリーは控えめにします。

上質のワンピースが一枚あれば……。

ちょっとスペシャルなおよばれのときなど、何を着ていったらいいかしら……と迷ってしまうこと、ありますよね。そんな時に心強いのがワンピース。

品質の良いものを1枚用意しておけば、いろいろなシーンで活用できてとても便利です。

私がワンピースを購入するときのこだわりは、高級感のある上質な生地が使われていること。そしてデザインはなるべくシンプルであること。シンプルなデザインなら流行に左右されずに長く着られますし、何よりもアクセサリーや靴、バッグなどの小物を工夫することで、フォーマルな集まりからカジュアルな場まで幅広く活用でき、着回しができるので、活用の場も広がります。

光沢のあるブルーの生地に、ゴールドの刺繍が施されたワンピース。高級感のある素材ならではの
上品な輝きは、華やかな印象を残します。

透け感のあるゴールドのレース地に、シンプルなデザインのワンピース。
鮮やかなピンクのスカーフをアクセントに。

カジュアル・スタイルは自分らしい遊び心をプラス。

久しぶりの休日、自分を開放させてあげたいオフの一日。ちょっとしたお散歩や、気のおけない友人とカフェでおしゃべりに出かけるときは、肩の凝らないオシャレを楽しみたいですよね。

実は私は若い頃からジーンズが大好きで、今も何本も愛用しています。年齢を重ねても、ジーンズの似合う女性でいたいと思います。

ジーンズなどのカジュアルなスタイルだからこそ、キラリと光る女らしさをアピールするのが私流。

若い人たちのようにスニーカーを合わせるのではなく、ヒールのあるパンプスを組み合わせて、女性らしさとオシャレ感をアップしています。

ジーンズに黒のセーターの組み合わせは私のお気に入りのスタイル。モノトーンのシルクのスカーフを首周りに巻くと、顔が明るく映え、上半身に視線が向くのでスタイルが良く見えます。

黄色は、気分を上げてくれるカラー。レモンイエローのブラウスは、私の元気を支えてくれる一枚。ジーンズとの相性も抜群です。ロング丈のカーディガンと組み合わせて、ヒップラインもカバーしましょう。

ファッションは
あなたを変える魔法。
新しい世界へと飛び立つ
勇気を与えてくれます。

Fashion is a type of magic that will change you.
It will give you the bravery to take the leap
into a whole new world.

足をすっきりきれいに見せる、靴選び。

足がすっきりと長く見えると、全体のバランスもきれいにまとまります。足の太さや長さは変えられませんが、

靴のデザインや色によって、
見た目の印象を変えることは十分に可能です。

靴の選び方によって、足のコンプレックスを解消することもできます。

私は靴を選ぶとき、全体のバランスと印象を重視しています。そのこだわりは、足がきれいに見える靴。

まずおすすめなのがベージュ色のパンプスです。足の肌色との一体感ができて、スラリときれいな足に見せてくれるからです。デザインは、なるべく足の甲が見えて、つま先が尖った靴のほうが、足が長く見えます。反対に足首にベルトがある靴は、目線を区切ってしまう

ので、脚長効果が期待できません。

ヒールの高い靴ほど足は長く見えますが、無理して履くと、姿勢が悪くなったり、歩き方が不安定になり、逆効果になってしまいます。まず体幹をしっかり鍛えてから、ヒール靴を履きましょう。

私もパーティーなどでは、15センチヒールを履くこともあります。そうした機会があるときは事前にウォーキングのレッスンをして、体幹を鍛え直してその日に備えます。モデルさんがハイヒールを履いてさっそうと歩けるのも、日々の努力の賜物です。常に体の芯となる部分の筋力を鍛えているからです。

足にあまり自信のない人は、視線が下半身にいかないように、あまり派手な色の靴や、装飾がたくさんついた靴は避けたほうがいいでしょう。ストッキングはヌーディなベージュか、洋服に合わせた黒、大柄な網タイツはやはり目線がいってしまうのであまりおすすめできません。

自分の欠点には、なるべく人の視線がいかないように工夫するのも、オシャレ上手といわれる人のテクニックです。

足をきれいに見せたいなら、靴は断然ベージュがおすすめ。一体感があって、足長効果も。
私もベージュの靴のラインナップが、いちばん充実しています。

〝引き算の美学〟でツヤを引き出しましょう。

年齢を重ねても見た目が若く、きれいに見える人に共通しているのは、〝ツヤ〟だと私は思っています。ツヤツヤした肌や髪は、とても生き生きとしていてエネルギーにあふれています。女性らしさの魅力のひとつは〝ツヤ〟といっても過言ではないでしょう。

私たち世代は、この〝ツヤ〟が実は悩みの種でもあるのではないでしょうか。若い頃の肌はピチピチでツヤツヤだったのに、年齢とともに体から水分や油分が失われ、そうした輝きも簡単には手に入らなくなってしまいます。それを放置していれば、くすんでカサついた肌、パサパサの髪になってしまうのは仕方ないことですが、しっかりと愛情を持ってお手入れをすれば、肌も髪も潤いを保つことは可能です。

自分を大切に思い、自分の体に手をかけてしっかりメンテナンスしているかどうかが分かれ道なのです。

手をかけるといっても、高価な化粧水や美容液でお手入れをしましょう、と言っているわけではありません。ただし一般に市販されている安価な化粧品やシャンプーなどは、人工合成分や石油由来成分が多く含まれているものも多いのです。若い頃に比べ、年齢と共に肌は段々とデリケートになってくるので、こうした人工的な刺激は避けたほうがいいでしょう。

私も以前は効果を期待して、さまざまな高級化粧品にあれこれ手を出してきましたが、今はすっかり卒業しました。今は本当に品質の良い、素材が確かなアロマオイルのみを愛用しています。お気に入りのアロマオイルを肌に塗るだけ。とてもシンプルなお手入れですが、それでも十分に肌の潤いは保たれ、むしろツヤツヤになってきました！

メイクも同様です。下地クリーム、コンシーラ、ファンデーション、さらにはフェイスパウダーと、地肌を覆い隠すように化粧品を厚ぬりしていると、皮膚はどんどんカサついて、くすんだ肌になってしまいます。最近の私は、ほとんどファンデーションも塗らず、素肌に近い状態ですが、そのほうが断然肌の調子がいいように感じています。

髪もシャンプーのしすぎはよくありません。髪の油分を洗い流してしまうばかりでなく、シャンプーの成分が頭皮から染み込み、皮膚にも悪影響を及ぼしかねないからです。私は髪をシャンプーで洗うのは一日おきにして、それ以外の日はお湯で汚れと匂いを洗い流す程度にしています。

年齢を重ねるほどに、シンプルであることのほうが体には優しい。足すのではなく、引くことによって、自分の本来持っている力を引き出すこと。私はそれを〝引き算の美学〟と言っています。

朝は、たっぷりと日差しを浴びて深呼吸。体の隅々まで気を配り、体の芯からリフレッシュすることも、
私が大切にする健康法。

香りがもたらす心理効果で、美人度もアップ！

以前、私がデザインした『ル・タブリエ』のエプロンがご縁で、美容家のＩＫＫＯさんにお会いする機会に恵まれました。いろいろとお話をさせていただいて、そのお別れの際に優しく手を握っていただくと、ＩＫＫＯさんの優しい香りがふわっと漂い、私の手の平にもその香りが残りました。とても気遣いがあって、魅力的なＩＫＫＯさんのステキな印象が、その残り香とともに私の心にインプットされました。自分自身を上手にプロデュースされているＩＫＫＯさん、さすがです！　一気にファンになりました。

人に印象を残すには、香りってとても大切なものだと改めて実感した経験です。香りは、五感の中でも唯一、脳の自律神経系をつかさどっている大脳辺縁系に直接はたらきかける作用があるといわれています。脳が香りに反応して、印象を残す――。

良い香りというのは、自分にとっても、
他人に対してもプラスの作用を与えてくれる、というわけですね。

また、香りの効果としては、イライラやストレスを解消して心を落ち着けたり、気持ちを元気にする作用があります。私は毎日、お気に入りのアロマオイルで顔や手、胸などをマッサージしていますが、とても心がリラックスします。そして心にエネルギーが満ちてくるのを感じます。

こうして内に秘めたエネルギーは、人にも良い影響を与えてくれるような気がしています。私と会うと元気になるわ、と言ってくださる方は、そんな香りの効果を共有することができているのかもしれませんね。

あなたも、お気に入りの香りを見つけて、自分を優しく包んでみてください。きっと美人オーラがさらにアップするはずです。

お気に入りのアロマオイルの香りに身を包んで……。

私は10代の頃からとても香りに興味があり、いろいろな香水にチャレンジしてきました。若い頃は多少刺激的な香りも、自分をアピールしたり、演出するための道具として楽しんできましたが、年齢を重ねていくなかで、やはり自分に合った、自分にとって心地よい香りを身につけたいと思うようになりました。

香りには、大きく分けて天然の動・植物から採取して作られた香りと、合成人工香料を使って作られた香りがあります。人工香料で作られた香りは、やはりどうしても匂いがきつかったり、肌に刺激的だったりして、私は好みません。天然由来のアロマオイルは自然の中で育まれたものですから、心にも体にも馴染みやすいように思います。

長年、さまざまなアロマオイルを試してきましたが、どうしても自分の好みのアロマオイルを作りたくなり、また、その香りを多くの人にも愉しんでいただきたいと思い、最近になって新しい製品づくりにチャレンジしました。

コンセプトは、以前から私の憧れのクレオパトラ。彼女が身にまとう香りをイメージし、ホホバ種子オイルをベースに、彼女が愛したといわれる美容成分を配合し、可能な限り、天然由来の素材を使用しました。

配合した成分は、年齢を重ねた肌にうるおいを与えるために効果的なアルガンオイルと、ハリやつや、水分を保つ効果もある上質のオリーブオイル、保湿力に優れたモリンガオイル、さらに肌のキメを整えるアロエエキスです。

香りには、私自身が心地よいと思う、ベルガモット、サンダルウッド、フランキンセンス、ローズをバランスよく配合しました。全身のマッサージオイルに使えるように、保湿力があってさらりとした使用感も魅力です。

お気に入りの香りを身にまとうと、ワンランク上のおしゃれを楽しんでいるような、自信が生まれてきます。その自信が次なるステージへと、あなたを導いてくれるでしょう。さぁ、あなたも現代のクレオパトラに変身してみませんか。

MADAM KEIKO
Madam Keiko's oil in mist, a beauty natural
ingredient loved by Cleopatra.
Leia
oil in mist

▼日常を豊かに過ごす――。ファッションは私を表現するアイテム。

de Joel Robuchon

Lesson

3

夢の扉を開きましょう！

Open the Door to Your Dreams!

Madam KEIKO

美には、神が宿ります。

美には神が宿る――。

私の好きな言葉の一つです。美しくあること、美しくあろうとすることは、人生に幸運をもたらす力だと信じているからです。

人は、美しいものに惹かれます。あなたがキラキラと光り輝いていれば、人の目を引き、人が集まってきて、さまざまなチャンスが生まれます。反対に、暗い印象の人は、運を遠ざけてしまいます。

また、美は偽りのものであってはいけません。心の内側から輝いて、真実の光を放たなければ、本来の美を得ることができないのです。そのために、心も外見も、美しくあろうとする努力を重ねることで、真実の美に近づけるのだと信じています。

では、真実の美とは何でしょう。

それは自分を愛し、他人を愛することで育まれるものではないでしょうか。

自分を愛するということは、自分自身を大切にすること、おざなりにしないこと。毎日規則正しく生活をし、健康に良いものをいただき、良質の睡眠をとって、健康であるための努力を惜しまないこと。

好奇心をもって、いろいろなことに挑戦し、知性を育み、常に自分を高めるために努力をすること。そして品位ある暮らしを守ること。

他人を愛するということは、常に相手を敬い、感謝をし、礼を尽くして接すること。そのため人と会うときは、身なりを整えて、相手に不快な気分を与えないように心配ること。

自分を、人を、愛するという好意が、プラスのオーラとなり自分を包んだとき、私たちは美のオーラをまとった人となれるのではないでしょうか。

豊かな人生、自分の内なる美を輝かせるための、愛はとても大切なことだと私は考えています。

神様がいつも私を見守ってくださり、その行為を褒め称えてくれたとき、私のもとに幸運が舞い降りて、幸せな人生を届けてくださる。そんな気持ちで生きています。

美しく、凛とした女性でありたい。それが私の大いなる人生の希望です。

一流に触れて、一流を学びましょう。

数年前のこと。ビジネスでトラブルに巻き込まれたり、ハイキングに出かけて足を骨折してしまったりと、なんだか負のオーラに巻き込まれているような気配がして、運気を変えようと思いました。そして意を決し、長年暮らした芦屋の住まいから、一時期東京に居を移したことがありました。どこに住もうかしらと思案して、やはり「銀座がいいわ」と考えて、住まいを銀座に移しました。

銀座を選んだのは、ここが一流の集まる場所だからです。世界のブランドショップが軒を連ね、多くの一流といわれる飲食店が店を構えます。芦屋とはまた違う、独特な一流の空気が漂うこの銀座で、その空気に触れられる暮らしがちょっとしたくなりました。

毎日、一流のお店に足繁く通っていたわけではありませんが、ウィンドウ・ショッピングをしたり、ちょっと落ち着いたカフェを見つけてコーヒーを飲みながら時間を過ごしたりするだけでも、なんとなく豊かな気持ちになるのは不思議です。

一流に触れる、というのは、
人の品格を高める上でとても大切なことだと私は思っています。

ブランドショップでも、高級料亭でも、一流といわれている店にはその背景があります。長年守り継いできた歴史であったり、優れた職人の技であったり、そうした伝統と技術が、社会の中で評価され続けなければ、一流の名を守ることができないからです。

また、こうした店は一流を守るために、店の内装から家具のひとつひとつまで、きめ細やかな配慮とこだわりをもっているものです。そしてそこで働く人たちにも、一流店の誇りが備わっているのです。

世に一流といわれるお店は、以前では一見さんはお断りだったり、お得意さんの紹介がなければ入れないようなお店も多くありました。今はそういう意味では、一流店の敷居もずいぶんと低くなったような気がします。

幼い頃、私を特別にかわいがってくれた祖父は、子どもには贅沢すぎるような一流のホテルや格式あるレストランに、私をしばしば連れて行ってくれました。そうしたときは特別なお洋服を着て、ちょっとかしこまって大人の後を付いていったものです。そしてそこに集まる人々の装いや立ち居振る舞いを見て、私もこんな大人になりたいと思いました。

また、高価なブランド品のセーターに袖を通したとき、素材のやさしい肌触りと、上質な

仕立てでしっくりと体になじんできれいなラインを描くシルエットは、とても着心地が良いものです。
一流に触れ、一流を知ることが、自分を一流に磨き上げることにつながります。
3回に1回の外食を、ワンシーズンに1枚のセーターやブラウスを、一流といわれるお店や商品に変えるだけでも、あなたの品格を高めてくれることでしょう。一流には一流の価値がある。その価値を楽しむことが、きっとあなたの人生の価値をも高めてくれるはずです。

素晴らしい出会いが、新しい自分を広げるチャンス。

キラキラと輝く自分であること。一流といわれる場所に足を運ぶこと。人生の成功の鍵はそこにあるのではないかと私は思っています。

運は光り輝くものに引き寄せられます。ですから一流が集まる場所で、あなたが光り輝いていれば、必ず良い運が引き寄せられてきて、良い出会いが生まれます。もちろん出会いだけでなく、出会った人との関係性を大切に築いて、自分の可能性を広げていくことも大事。自分が思っていること、願っていることを情熱を込めてお話する中で、チャンスの機会に恵まれていくものです。

自分一人では叶わないこと、知らなかったことも、人とのつながりがきっかけとなって、夢が実現してしまう。そんな経験を私自身、いくつもしてきました。

たとえばまだ私が30代のとき。京都の料亭でいただいた鍋料理がとても美味しくて、私も鍋料理の専門店を開こうと思い、お店の準備をはじめました。飲食店を経営するのは初めてで、わからないことだらけだったのですが、近くの日本料理の板前さんが親切に手を差し伸べてくださり、プロの技術を教えていただくことができました。
50代で、オリジナルのエプロンのデザインをはじめたときには、どうしても気に入った布地が見つからずに心が折れそうになりました。すると以前から仲良くしていただいていた芦屋の友人から、フランス、イタリア、ベルギーなど世界各地の高級布地を扱うお店のオーナーをご紹介いただいて、自分のイメージにピッタリのエプロンを作ることができました。さらに芦屋に自らが経営するエプロンブランドの『芦屋ル・タブリエ』をオープンすることができました。

しかも偶然にもお店のショーウインドウに飾っていたエプロンが、ＩＫＫＯさんのスタイリストさんの目に留まって、朝のテレビ番組のお料理コーナーでＩＫＫＯさんに着用していただきました。これで一躍注目を浴びて、お店を軌道に乗せることができたのです。しかも何度かお会いしたＩＫＫＯさんからも温かな言葉をいただき、今もエプロンを着用するシーンでは、ル・タブリエのエプロンをご愛用いただいています。

自分一人ではできないことも、周りの人たちとのつながりと、助けがあって、ビジネスの花を開くことができました。人との出会いがチャンスを生んで、ビジネスに繋がっていくのだとつくづく思います。

私は今、自分がデザインしたアクセサリーの新しいビジネスに挑戦を始めました。実はここにも、新しい出会いがありました。アクセサリーの素材となるものを探していたとき、ある人から海外から輸入された高級ボタンを見せていただきました。光り輝き、きめ細やかな細工が施されたボタンを見てインスピレーションが閃き、高級感漂うオリジナルアクセサリーの数々が誕生していきました。

もしあなたが、今の人生に物足りないものを感じているなら、新しい人との出会いを見つけることです。人との出会いは、これまでになかった自分の世界を広げてくれるためのチャンス。さぁ、一歩前に、新しい世界に踏み出してみましょう。

私がデザインしたル・タブリエのエプロン。芸能人をはじめ、幅広い年代の人に愛されています。

愛こそが人生のすべて！

私は、ビジネスなどでチャンスに恵まれることが多くあります。傍から見れば、それは幸運なことのように思われますが、それは自然に得られたものではありません。むしろ私自身の日々の生き方によって良いご縁がつながり、良い運気をもたらしてくれるのだと考えています。ですから私は、こうした運に恵まれることを、〝愛をいただく〟という言葉で表現したいのです。

私は、人生にとっていちばん大切なものは〝愛〟だと思っています。人生のすべてが〝愛〟によってつくられていて、自分の生き方も、他人との関わりも、そしてビジネスさえも、〝愛〟によって創られた世界なのだと信じています。

〝愛〟というのは、言葉を代えれば〝感謝〟です。

自分自身への慈しみ、生きていることへの感謝があれば、自分を大切に思い、精一杯自分の豊かな人生を築こうと、努力をすることもできるでしょう。たとえどんなに苦しいことや辛いことがあっても、自分への愛があれば、自分を大切にすることで生きていく勇気を得ることができます。自分を愛し、感謝をすることが、何よりも人生を生きる上で、大切なことなのです。

自分をきちんと愛せる人は、他人へも愛を与えることができます。人を愛することができる人は、「ありがとう」という言葉が素直に言える人だと思います。

以前、ある紳士とレストランへ行ったときのこと。その男性は社会的な地位のある、立派な男性でした。一緒に食事をしていて、空になったグラスにウェイターがワインを継ぎ足したとき、彼が穏やかな声で「ありがとう」と言ったのです。その言葉がとても自然で、温かくて、こんなに地位のある立派な人なのに、お店の従業員にも優しく感謝の言葉を言えることに、私は驚きを感じました。

自然な「ありがとう」を言えるのは、自分が整っている人。きっと彼はプライベートでもビジネスでも、いろいろな人にこんなふうに優しく、愛情を込めて接しているのだと感じ、その人柄に改めて感心させられました。

常に相手への感謝を大事にする人。愛を持って感謝の言葉を素直に言える人の周りには、人が集まってきます。そうすると、さまざまなピンチに出会ったときでも、必ず誰かが手を差し伸べてくれる。愛を分け与え合う人は、とても豊かな人生を歩んでいけるでしょう。

ビジネスにおいても同じです。お金を稼ごう、儲かりたいという思いばかりが先走っても、結局ビジネスは成功しません。必ずなにか大切なものを見落として、誰かに足を引っ張られ、苦渋をなめることにもなるでしょう。愛を持って仕事をしていると、反対に困ったときにこそ、手を差し伸べてくれる人が必ず現れるのです。

私はこう思うのです。お金は人生において大切なものではありますが、一番ではありません。むしろ愛を大切に生きていることで、ついて来るのがお金だったり、チャンスだったり、喜ばしい出来事だったりするのです。

自分を愛すること。人を愛すること。男女の愛だけでなく、家族の愛だけでなく、自分と関わりのあるすべての人に、愛をもって接すること。そうすればきっと、〝愛をいただく〟チャンスにも、恵まれてくるものです。

愛の力があれば、たとえ不運に見舞われても、
その先のゴールには愛にあふれた幸福が必ず待っていると、信じましょう。

自分を愛すること。
人を愛すること。
愛に満ちた人生は、
幸福というゴールをもたらします。

Loving yourself.
Loving others.
A life filled with love will bring about
the goal called happiness.

夢は、あきらめなければ叶うもの。

今、あなたに夢や、やりたいことがあれば、年齢を理由にしてあきらめないでほしいのです。あなたが何歳であっても、

夢を実現するための行動を起こせば、必ず人生は今よりずっと輝きを増すはずです。

私は20歳のとき、将来はデザイナーになりたいという夢を描きましたが、母から、「あなたにはそんな才能はないわよ」と言われて、諦めてしまいました。当時は親の言うことは絶対でしたので、美容室を経営していた母を継ぐために、美容師の資格をとりました。そして母のサポート役として働き始めたのが私の社会人の第一歩でした。

ずっと忘れていた当時の夢を、ふと思い出したのはなんと55歳のときでした。大事に育てた一人娘が結婚して、自分は一人ぼっちになってしまったと寂しくて、心にポッカリと穴が

空いてしまったとき、「あ、私、デザイナーになりたかったんだ」と思い出したのです。

フランスのファッションデザイナー、ココ・シャネルが大好きで、彼女のような生き方に憧れていました。でも、私にはデザイナーの経験も、縫製の技術もありません。私にもできることはないかしら、そう考えたときに思いついたのがエプロンのデザインでした。エプロンなら細かな縫製の知識はなくても、それほど難しくありません。自分がイメージしたものを形にできるのではないかと考えました。そして洋裁用のトルソー（ボディ）を購入して、布地を巻きつけながらデザインを考えだしたら楽しくて、「エプロン界のシャネルになりたい」と夢を描き、エプロン作りに情熱を捧げました。

そして念願のオリジナルエプロンの専門店『芦屋ル・タブリエ』をオープンしました。

パリコレなどにも参加している高級ブランドが扱う世界の高級生地を使用し、アトリエスタッフが一枚一枚手作り。女性らしい華やかさや可愛らしさ、気品などをコンセプトに私がデザインしたもので、これまでの日常使いのエプロンとは異なるオリジナリティを出しました。ファッショナブルで高級感漂うエプロンは、雑誌で紹介されたり、ＩＫＫＯさんやタレントさんたちに愛用していただき、一躍脚光を浴びることとなりました。私がデザインしたエプロンが、多くの女性たちから支持され、喜ばれたことはとてもうれしいことでした。そして「夢は、あきらめない」ことの大切さを肌で感じた経験となりました。

夢は、あきらめないで思い続けること。
今は叶わなくても、必ずその夢に近づくチャンスがあり、
チャンスが来たら全力でぶつかってみること。
必ず夢が実現するときがくると信じて生きることで、道はきっと拓けます。

それは年齢ではなく、人生のタイミング。今日はダメでも、きっと明日には……。そう思い続けて努力を重ねれば、未来は変わるのです。あなたの未来を切り拓くのは、あなた自身なのですから。

夢をあきらめないで！

〝運〟を動かすにはウォーキングがおすすめ。

あるとき、ふと気づきました。〝運動〟って、運を動かすと書くことを。漢字の成り立ちには、いろいろな意味があるといいますが、まさしくこれ！と我ながら感心する発見でした。運動には体を動かすだけではなく、もっと深い意味が込められていたと身を持って実感しています。なぜなら私は、いつもウォーキングで、運を引き寄せているのですから。

私は、ビジネスが停滞したり、新しいアイデアを生み出したいときは、街に出て、歩き回ることにしています。家にこもっているだけでは、なかなか新しい発想は生まれてこないものです。外に出て、新鮮な空気を吸って、緑の中を歩いたり、海を眺めたり、そしてウィンドウ・ショッピングをして、今の流行を捉えたり……。体を動かすことで舞台が変わり、多くの情報が自然と入ってきます。

また、本屋さんも私のお気に入りの散歩コース。本屋さんは、いろいろな分野の情報の宝庫。そして時代が今何を求めているか、流行の先端とは何かを知れる、最適な場所ではないでしょうか。

大きな本屋さんに行って、目的もなく店の中を歩き回っていると、なんとなく自分の興味を引かれるものがあり、本を手にとってページをめくると、新しいデザインのアイデアや、仕事のヒントを得ることもあります。

外に出るとさまざまな刺激が与えられ、脳も活性化しますので、ふとした閃きが、ビジネスのアイデアにつながることもあります。

さらに外を歩けば出会いもあります。しばらくお会いしていなかった方とばったり会って、「お元気ですか」「今、何をされているのですか」。そんなご挨拶から、また再びのご縁が結ばれることもあります。ときには偶然の新しい出会いから、次なるチャンスが巡りくることも……。

健康を維持するために、体を動かすことはとても大切とは思っても、それだけのために運動をするのは、苦手です。むしろ街を歩けば運が寄ってくると思うと、足取りも軽くなって、ついつい街中をウォーキングする私がいます。

運を動かす運動は、体に良し、運に良し。

新しい発見と出会いを求めて、今日も元気に歩いています！

私のチャレンジ
～アクセサリーデザイナーとして～

1年ほど前から、アクセサリーのデザインをしてみたいと考えていました。それが徐々に形になり、私のデザインしたアクセサリーが商品化され、いくつかの店舗で取り扱われています。

私がアクセサリーに本気で魅せられたのは、さかのぼること10数年前。娘が結婚して一人になり、ちょっと落ち込んでしまった気分を立て直そうと、友人を頼ってパリで1ヵ月ほど暮らしたことがありました。

忙しかった仕事からも開放されて、毎日が自分だけの自由で贅沢な時間。パリにはステキなファッション、雑貨、アクセサリーのお店がたくさんあり、毎日のように街に出かけてはいろいろなお店を覗いて、ショッピングを楽しみました。そのときにとても興味が惹かれたのが、アンティークのアクセサリーでした。職人の技による手作りならではの繊細なデザイン、宝石やゴールドをふんだんに使ったゴージャスなものなど、日本ではなかなかお目にかかれないヨーロッパの歴史や伝統を感じさせるステキなアクセサリーの数々に、心を奪われました。

日本人はもともと和服文化の国ですから、あまりゴージャスなアクセサリーを身につける習慣がありません。文化の異なるヨーロッパのアクセサリーは、一つ身につけるだけでも、全体の印象も変えてしまうような存在感があり、それがとても新鮮で、私もこんなアクセサリーを身に付けてみたいと思いました。

その後、日本に戻ってからはエプロンのビジネスを始めたので、その秘めた思いを持ち続けたまま歳月が経ってしまいましたが、

ある運命的な出会いが私をアクセサリーの世界へと導いてくれました。

夢は思い続ければ叶う、と信じていましたが、これを運命といわずになんと呼べばいいのでしょう。

私は、いつかはアクセサリーを手掛けてみたいと思いつつ、具体的な構想はまだほとんどなかったときに、私がアクセサリーに興味があることを知っていた知人が、海外からアンティークの高級ボタンを輸入している方を紹介してくださったのです。お仕事のお話をうかがって興味を持ち、早速オフィスへ足を運び、その輸入ボタンを見せていただきました。

「あ、これ！」と、そのボタンを見ただけで、息が止まるような感動を覚えました。一つ一つ

がまるで宝飾品のよう。細やかな細工、ゴージャスなデザインに、心を射止められたのです。

このボタンを使って、アクセサリーができないかしら……。

そのときにステキなコラボレーションを思い立ったのが、最近、興味を持っていたパールでした。自然の育んだ上品な艶やかさと光を含んだパールの輝きを、このゴージャスなボタンに組み合わせてみたらどうでしょう。

自分にしかできないオリジナル、

オンリーワンのアクセサリーが生み出せると確信しました。

それからは私の頭の中は、きらびやかなボタンとさまざまな形をした個性的なパールでいっぱいになり、次から次へと新しいデザインのアイデアが浮かんできました。

コンセプトは、大人の女性の気品ある装い――。

このアクセサリーを身につけることで、確かな自信に満ち溢れ、女性たちの輝きを増してくれるような、一品であってほしいと考えています。

▼愛にあふれた人生こそ　満ち足りた今を、未来を、創造する。

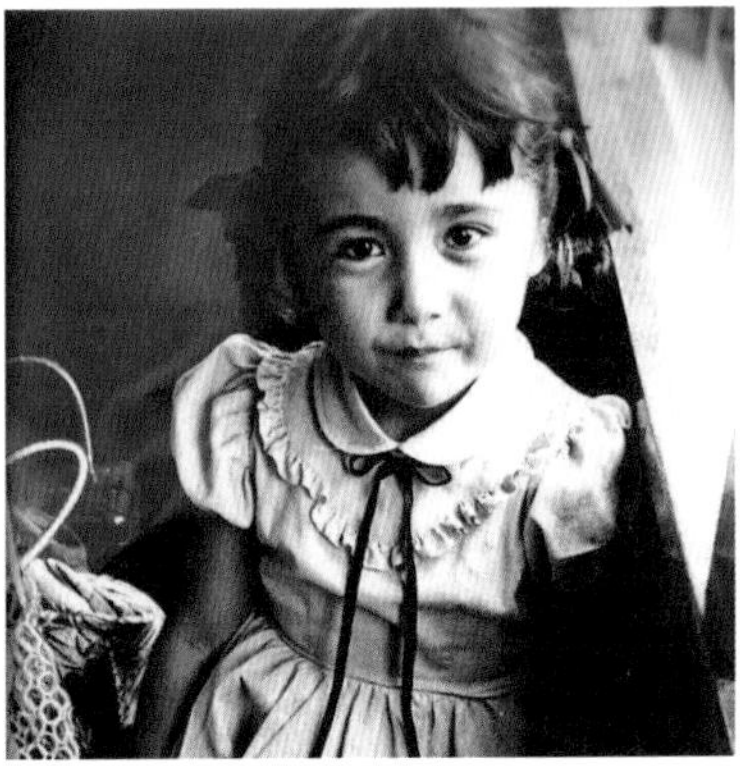

おわりに

子どもの頃、鏡に自分の姿を映しては、なりたい未来を想像して、夢を膨らませていました。20代で結婚をし、娘を出産。美容院、飲食店を経営し、デザイナーとしてブランドを立ち上げ、時代のブームに乗って華やかな成功を収めた時代——。その歳月の中で、実は私は、本当になりたい自分が見つからなくて、人生の時間と格闘してきました。

今、まもなく70歳を迎える歳になって、やっと確かな自分をつかんでいると感じています。なりたかったデザイナーとして自立して、大好きなアクセサリーのデザインや、アロマオイルのブランド化を実現し、本当に自分らしく生きていると実感しています。

たった一度の人生ですもの。限られた時間を、未来を、自分で諦めてしまうのは、とてももったいないことだと思います。私は、いつも自分が輝いていたい、美しさを保ちたいと思い、日々を過ごしてきました。〝美〟は、自分よがりでよく、ただ、自分が美しいと信じる〝心〟がとても大切だと思っています。〝美〟に自信を持つ〝心〟が、自分の人生を豊かに、積極的に生きようとする姿勢を生み出してくれるのだと、私は信じています。

私の生き方を見て、40代になる一人娘も、とても〝美〟への意識を高く持って生きていることを嬉しく思っています。そして我が最愛の孫娘も、まだ中学生ですが、未来のトップモデルをめざして活動をはじめました。彼女の、祖母や母よりもさらに強い意志を持って〝美〟

を探求する姿に、血筋だけではない、時代と環境というものを感じています。

時代が令和へと移った今は、誰もが自由に、自分らしく生きられるようになりました。それは何歳であっても変わらないと思います。年齢を言い訳にしないで……。自分を言い訳にしないで……。輝けるあなたをつくるのはあなた自身。すべての女性に美と輝きを！

なお、最後に芦屋で公私にわたってお世話になっている美容室「ｒｏｓｓｏ ｆｉｎｏ」のオーナー村上真紀さん、ディレクターの坂上妃奈子さん、いつも心の支えになっている娘の美佐と孫の良礼に感謝して筆を置くことにします。


光は、あなたのすぐ横に——。

そして、そして、すべての細胞にスイッチＯＮ！

私は私だと自分らしく生きる。

それが本当の宝物。

© Marven Payne | em.fotografik

小西惠子

Konishi Keiko

芦屋ル・タブリエ代表

1950年9月9日生まれ。兵庫・芦屋で育ち、美容院経営、ギャラリー経営、飲食店経営、モデルなど多彩な才能を発揮。2006年、エプロンブランド「ル・タブリエ」を立ち上げ、芦屋に本店をオープン。「Madam KEIKO」のデザイナーズエプロンは機能性にも優れたおしゃれで上質な「幸せのエプロン」として国内外で大人気となり、芦屋市のふるさと納税にも選ばれている。また、モデルの経験からセルフイメージの大切さを実感し、ワンランク上の女性を目指すためのマナーやファッション、生き方に及ぶまで、日本人としてのあり方をトータルに教える「アクトレス倭姫塾《やまとひめじゅく》を開講し、後進の指導にあたる。2015年、第8回ミセス日本グランプリ特別賞受賞。2020年、自らデザインしたアクセサリーとアロマオイル「Madam KEIKO」を発表するなど多方面で活躍中。

https://letablier.net/
Mail:ashiya.madamkeiko@gmail.com
https://ashiyaletablier.amebaownd.com/
https://www.instagram.com/keiko__konishi/

スタッフ

デザイン／引田 大（H.D.O.）
撮影／森山雅智
ヘア＆メイク／光倉カオル
スタイリスト／清水久美子
編集協力／桑名妙子・清水井朋子

美しさは愛、美には神宿る

2020年2月22日
初版第1刷発行

著者　小西惠子
発行者　藤本敏雄
発行所　有限会社万来舎
〒102-0072　東京都千代田区飯田橋2-1-4
九段セントラルビル803
電話 03(5212)4455
E-Mail letters@banraisha.co.jp

印刷所　株式会社エーヴィスシステムズ

ISBN978-4-908493-40-9